My Basic Witch Journal

Date _____

My Basic Witch Journal

Date _____

_____

_____

_____

_____

_____

_____

_____

_____

_____

_____

_____

_____

_____

_____

_____

_____

_____

_____

_____ **Date**

My Basic Witch Journal

_____
_____
_____
_____
_____
_____
_____
_____
_____
_____
_____
_____
_____
_____
_____
_____
_____
_____
_____
_____
_____
_____
_____

My Basic Witch Journal Date _____

_____

_____

_____

_____

_____

_____

_____

_____

_____

_____

_____

_____

_____

_____

_____

_____

_____

_____

_____

_____

_____ Date

My Basic Witch Journal

_____

_____

_____

_____

_____

_____

_____

_____

_____

_____

_____

_____

_____

_____

_____

_____

_____

_____

_____

_____

_____

My Basic Witch Journal   Date _____

_____ Date

My Basic Witch Journal

My Basic Witch Journal

My Basic Witch Journal

My Basic Witch Journal

Date _____

_____
_____
_____
_____
_____
_____
_____
_____
_____
_____
_____
_____
_____
_____
_____
_____
_____
_____
_____
_____

Date

My Basic Witch Journal

My Basic Witch Journal

_____

_____

_____

_____

_____

_____

_____

_____

_____

_____

_____

_____

_____

_____

_____

_____

_____

_____

_____

_____ Date

My Basic Witch Journal

_____
_____
_____
_____
_____
_____
_____
_____
_____
_____
_____
_____
_____
_____
_____
_____
_____
_____
_____
_____
_____
_____

My Basic Witch Journal

Date _____

_____

_____

_____

_____

_____

_____

_____

_____

_____

_____

_____

_____

_____

_____

_____

_____

_____ Date

My Basic Witch Journal _____

My Basic Witch Journal

Date _____

_____
_____
_____
_____
_____
_____
_____
_____
_____
_____
_____
_____
_____
_____
_____
_____
_____
_____
_____
_____

_____ Date

My Basic Witch Journal

My Basic Witch Journal

Date _____

_____

_____

_____

_____

_____

_____

_____

_____

_____

_____

_____

_____

_____

_____

_____

_____

_____

_____

_____ Date

My Basic Witch Journal

Date _____

My Basic Witch Journal

_____

_____

_____

_____

_____

_____

_____

_____

_____

_____

_____

_____

_____

_____

_____

_____

_____

_____

_____

My Basic Witch Journal

My Basic Witch Journal   Date _____

_____ Date

My Basic Witch Journal

_____
_____
_____
_____
_____
_____
_____
_____
_____
_____
_____
_____
_____
_____
_____
_____
_____
_____
_____
_____
_____
_____

My Basic Witch Journal

Date _____

My Basic Witch Journal

My Basic Witch Journal

My Basic Witch Journal

My Basic Witch Journal

My Basic Witch Journal

My Basic Witch Journal   Date _____

My Basic Witch Journal

Date

Date _____

My Basic Witch Journal

_____

_____

_____

_____

_____

_____

_____

_____

_____

_____

_____

_____

_____

_____

_____

_____

_____

_____

My Basic Witch Journal

My Basic Witch Journal

Date _____

My Basic Witch Journal

Date _____

My Basic Witch Journal

_____

_____

_____

_____

_____

_____

_____

_____

_____

_____

_____

_____

_____

_____

_____

_____

_____

_____

My Basic Witch Journal

My Basic Witch Journal

_____

_____

_____

_____

_____

_____

_____

_____

_____

_____

_____

_____

_____

_____

_____

_____

_____

_____

_____ Date

My Basic Witch Journal

_____

_____

_____

_____

_____

_____

_____

_____

_____

_____

_____

_____

_____

_____

_____

_____

_____

_____

_____

_____

My Basic Witch Journal

My Basic Witch Journal

_____

_____

_____

_____

_____

_____

_____

_____

_____

_____

_____

_____

_____

_____

_____

_____

_____

_____

_____

My Basic Witch Journal

_____ Date

My Basic Witch Journal

My Basic Witch Journal

Date _____

_____

_____

_____

_____

_____

_____

_____

_____

_____

_____

_____

_____

_____

_____

_____

_____

_____ **Date**

My Basic Witch Journal

_____

_____

_____

_____

_____

_____

_____

_____

_____

_____

_____

_____

_____

_____

_____

_____

_____

_____

My Basic Witch Journal   Date _____

_____ Date

My Basic Witch Journal

My Basic Witch Journal

Date _____

_____ Date

My Basic Witch Journal

My Basic Witch Journal

My Basic Witch Journal

Date

Date _____

My Basic Witch Journal

_____

_____

_____

_____

_____

_____

_____

_____

_____

_____

_____

_____

_____

_____

_____

_____

_____

_____

_____

My Basic Witch Journal

My Basic Witch Journal ~~Date~~ Date _____

_____ Date

My Basic Witch Journal

My Basic Witch Journal

Date _____

_____ Date

My Basic Witch Journal

My Basic Witch Journal

My Basic Witch Journal

My Basic Witch Journal

Date _____

_____

My Basic Witch Journal

My Basic Witch Journal   Date _____

_____

_____

_____

_____

_____

_____

_____

_____

_____

_____

_____

_____

_____

_____

_____

_____

_____

_____   Date
My Basic Witch Journal _____

My Basic Witch Journal

Date _____

_____

_____

_____

_____

_____

_____

_____

_____

_____

_____

_____

_____

_____

_____

_____

_____

_____

_____

_____

_____

_____

_____

_____

My Basic Witch Journal _____ Date

My Basic Witch Journal

Date _____

_____ Date

My Basic Witch Journal

My Basic Witch Journal Date _____
_____
_____
_____
_____
_____
_____
_____
_____
_____
_____
_____
_____
_____
_____
_____
_____
_____

My Basic Witch Journal

My Basic Witch Journal

Date _____

My Basic Witch Journal

My Basic Witch Journal   Date _____

_____

_____

_____

_____

_____

_____

_____

_____

_____

_____

_____

_____

_____

_____

_____

_____

_____

_____

_____ Date

My Basic Witch Journal

My Basic Witch Journal

Date _____

_____ **Date** _____

My Basic Witch Journal

Date _____

My Basic Witch Journal

My Basic Witch Journal _____ Date

My Basic Witch Journal

My Basic Witch Journal

My Basic Witch Journal

My Basic Witch Journal

My Basic Witch Journal _____ Date _____

_____

_____

_____

_____

_____

_____

_____

_____

_____

_____

_____

_____

_____

_____

_____

_____

_____

My Basic Witch Journal _____ Date ____

My Basic Witch Journal

Date _____

_____
_____
_____
_____
_____
_____
_____
_____
_____
_____
_____
_____
_____
_____
_____
_____
_____
_____
_____

_____ **Date**

My Basic Witch Journal

My Basic Witch Journal

_____ Date

My Basic Witch Journal

My Basic Witch Journal

_____

_____

_____

_____

_____

_____

_____

_____

_____

_____

_____

_____

_____

_____

_____

_____

_____

_____

_____

My Basic Witch Journal

My Basic Witch Journal

My Basic Witch Journal

Date

My Basic Witch Journal

My Basic Witch Journal

Date

My Basic Witch Journal ___Date___

My Basic Witch Journal

Date _____

My Basic Witch Journal

Date _____

_____
_____
_____
_____
_____
_____
_____
_____
_____
_____
_____
_____
_____
_____
_____
_____
_____
_____
_____
_____
_____

My Basic Witch Journal _____ Date

My Basic Witch Journal   Date _____

My Basic Witch Journal

My Basic Witch Journal **Date** _____

_____ Date

My Basic Witch Journal

My Basic Witch Journal **Date** _____

_____ Date

My Basic Witch Journal

My Basic Witch Journal   Date _____

_____ Date

My Basic Witch Journal

My Basic Witch Journal

_____

_____

_____

_____

_____

_____

_____

_____

_____

_____

_____

_____

_____

_____

_____

_____

_____

My Basic Witch Journal

My Basic Witch Journal

_____

_____

_____

_____

_____

_____

_____

_____

_____

_____

_____

_____

_____

_____

_____

_____

_____

_____

_____

_____

_____

_____ Date

My Basic Witch Journal

My Basic Witch Journal

_____ Date

My Basic Witch Journal

_____

_____

_____

_____

_____

_____

_____

_____

_____

_____

_____

_____

_____

_____

_____

_____

_____

_____

_____

_____

My Basic Witch Journal   Date _____

_____

_____

_____

_____

_____

_____

_____

_____

_____

_____

_____

_____

_____

_____

_____

_____

_____

My Basic Witch Journal _____ Date

My Basic Witch Journal   Date _____

_____

_____

_____

_____

_____

_____

_____

_____

_____

_____

_____

_____

_____

_____

_____

_____

_____

_____

My Basic Witch Journal

My Basic Witch Journal   Date _____

_____
_____
_____
_____
_____
_____
_____
_____
_____
_____
_____
_____
_____
_____
_____
_____
_____
_____
_____
_____

_____ Date

My Basic Witch Journal

My Basic Witch Journal   Date _____

My Basic Witch Journal _____ Date

My Basic Witch Journal

Date _____